LA NOVELA

Gramática y Vocabulario Español

SHYAMANKAR SINGHARI

La Novela

Published by WKRISHIND
wkrishind.in

Author: Shyamankar Singhari
Publisher: WKRISHIND

First Edition, 2025

ISBN: 978-81-992468-4-3

✍ NOTA DEL AUTOR

Querido lector,

Este libro, *LA NOVELA – Gramática y Vocabulario Español*, nace con la ilusión de acompañarte en los primeros pasos del aprendizaje del español. He querido combinar la **claridad de un manual de gramática y vocabulario** con la **calidez de una narrativa sencilla y práctica**, para que cada capítulo no solo enseñe, sino también inspire a comunicarte en situaciones reales.

Aprender un idioma no es únicamente memorizar reglas, sino también **descubrir una cultura, sus expresiones y su manera de ver el mundo**. Por eso, encontrarás diálogos cotidianos, notas culturales y ejercicios que te invitan a practicar de forma viva y cercana.

Este libro no pretende ser un curso exhaustivo, sino un **compañero de viaje** que te motive a seguir explorando el español más allá de estas páginas.

Espero que lo disfrutes, que te anime a hablar desde el primer día y que te recuerde siempre que **cada palabra nueva es una puerta abierta a otra forma de pensar y de sentir**.

Gracias por permitirme acompañarte en este camino.

- Shyamankar Singhari

Parte 1:

INTRODUCCIÓN AL ESPAÑOL

1. Introducción

Bienvenido/a a **La Novela: Gramática y Vocabulario Español**.

En este libro aprenderás español de una forma práctica y entretenida, acompañando a **Prial, Amrar y Simrina** en su viaje por Madrid. A través de sus diálogos y experiencias cotidianas, descubrirás cómo usar el español en la vida real.

Objetivos del libro:

- Aprender a pronunciar correctamente el **alfabeto y los números**.
- Dominar **vocabulario básico y frases útiles**.
- Comprender las **reglas esenciales de la gramática española**.
- Practicar con **ejercicios interactivos y diálogos reales**.

Cómo usar este libro:

1. **Lee los diálogos** de los personajes para ver el español en contexto.

2. **Estudia la gramática y el vocabulario** explicados después de cada historia.

3. **Practica con los ejercicios** para reforzar tu aprendizaje.

4. **Usa las expresiones en tu vida diaria**, igual que lo hacen los personajes.

Recuerda la estrategia de Prial:

👉 **Escuchar, practicar y usar** el idioma en contextos reales.

2. El Alfabeto y la Pronunciación

En español, el alfabeto tiene **27 letras**. Muchas se parecen al inglés, pero algunas tienen sonidos diferentes.

📖 **El alfabeto español**

A (a) – avión
B (be) – barco
C (ce) – casa / cielo (suena como /s/ antes de e, i en España)
D (de) – día

E (e) – escuela
F (efe) – familia
G (ge) – gato / gente (dos sonidos: fuerte y suave)
H (hache) – hola (¡atención! La "h" es muda)
I (i) – isla
J (jota) – jugo (suena como una /h/ inglesa fuerte)
K (ka) – kilo
L (ele) – lápiz
LL (elle) – lluvia (suena como /y/ en la mayoría de países)
M (eme) – mesa
N (ene) – niño
Ñ (eñe) – año (única letra española)
O (o) – oso
P (pe) – perro
Q (cu) – queso
R (ere) – rosa
RR (erre fuerte) – carro (vibrante, fuerte)
S (ese) – sol
T (te) – taza
U (u) – uva
V (uve) – vaca
W (uve doble) – whisky
X (equis) – taxi / México
Y (i griega) – yo
Z (zeta) – zapato (suena como /s/ en Latinoamérica, /θ/ en España)

Nota cultural:

En España, "c" y "z" se pronuncian como el sonido inglés de "th" (θ). Ejemplo: **cielo** → [θielo]. En América Latina, se pronuncian como "s": **cielo** → [sielo].

Ejercicio 1: Pronunciación

1. Lee en voz alta: **hola, jugo, queso, año, zapato, lluvia**.
2. Escribe tu nombre y pronúncialo en español, letra por letra.
   Ejemplo: *Amrar* → *a–eme–erre–a–erre*.

3. Los Números

Los números son esenciales para decir la hora, los precios y tu edad.

Números 0–20

0 – cero
1 – uno
2 – dos
3 – tres
4 – cuatro
5 – cinco
6 – seis
7 – siete

8 – ocho
9 – nueve
10 – diez
11 – once
12 – doce
13 – trece
14 – catorce
15 – quince
16 – dieciséis
17 – diecisiete
18 – dieciocho
19 – diecinueve
20 – veinte

📖 Decenas y más

30 – treinta
40 – cuarenta
50 – cincuenta
60 – sesenta
70 – setenta
80 – ochenta
90 – noventa
100 – cien

📌 Ejemplo:
32 = treinta y dos
45 = cuarenta y cinco
99 = noventa y nueve

Ejemplo en contexto

Prial: ¿Qué hora es?
Simrina: Son las **seis y treinta y dos**.
Amrar: ¿Cuánto cuesta esta camisa?
Vendedor: **Quince euros**.

Ejercicio 2: Números en acción

1. Escribe tu edad en español.
   Ejemplo: "Tengo **veintiséis** años."

2. Imagina que compras 2 manzanas a 3 euros cada una. ¿Cuánto cuesta?
   Respuesta: "Seis euros."

Parte 2:

VIAJE Y CONVERSACIONES BÁSICAS

Capítulo 1:

EN EL HOTEL

(Aprendiendo el alfabeto y los números en contexto)

Después de un vuelo de 4 horas y 30 minutos, el avión de Prial aterrizó en Madrid. En el taxi hacia el hotel, Amrar y Simrina empezaron a practicar con Prial el alfabeto y los números.

Diálogo

- Prial: ¿Sabes qué hora es en España?
- Simrina: Son las seis y treinta y dos.
- Amrar: ¿Cómo se dicen los números en español?
- Prial: Primero necesitas aprender el alfabeto.

En el hotel:

- Taxista: ¿A dónde quiere ir, señora?
- Prial: Al Hotel Descanso, por favor.
- Amrar: Gracias, señor.
- Taxista: De nada.

📖 Vocabulario del hotel

- habitación – room
- llave – key
- recepción – reception
- maleta – suitcase
- señor / señora / señorita – Mr. / Mrs. / Miss
- gracias – thank you
- de nada – you're welcome

📖 Gramática: Artículos definidos e indefinidos

- **Definidos** (the): el, la, los, las

- **Indefinidos** (a / an, some): un, una, unos, unas

Ejemplos:

- la habitación (the room)
- un hotel (a hotel)
- las llaves (the keys)
- unas maletas (some suitcases)

✍ Ejercicio 1

1. Traduce al español:
    - a suitcase → ______
    - the hotel → ______
    - some rooms → ______
2. Completa con el artículo correcto:
    - ___ recepción
    - ___ habitación
    - ___ maletas

Capítulo 2:

EL VECINO

(Aprendiendo vocabulario de la familia y verbos en presente)

En Madrid, cerca del hotel, vivía una niña llamada Hucia con su padre Juan.

Diálogo

- Juan: ¡Hucia, no juegues dentro de la casa!
- Hucia: ¡De acuerdo, papá!

📖 Vocabulario de la familia y profesiones

- padre – father
- madre – mother
- hermano – brother
- hermana – sister
- hijo – son
- hija – daughter

- estudiante – student
- mecánico – mechanic
- profesor / profesora – teacher
- enfermera – nurse

📖 Gramática: Verbos en presente

Los verbos en español cambian según el sujeto.

Verbos regulares –AR (ejemplo: hablar)

- yo hablo
- tú hablas
- él/ella habla
- nosotros hablamos
- vosotros habláis
- ellos/ellas hablan

Verbos irregulares: Jugar (to play)

- yo juego
- tú juegas
- él/ella juega

- nosotros jugamos
- vosotros jugáis
- ellos/ellas juegan

✍ Ejercicio 2

1. Conjuga el verbo *estudiar*:

- yo ______
- tú ______
- él/ella ______

2. Traduce al español:

- My father is a mechanic. → ______
- I play football. → ______

Capítulo 3:

EN EL MERCADO

(Aprendiendo vocabulario de compras y plurales)

Prial llevó a sus amigos al mercado local.

Diálogo

- Amrar: Hola, ¿cuánto cuesta esta camisa?
- Vendedor: Quince euros.
- Amrar: Vale, la compro.
- Simrina: Quiero dos manzanas.

📖 Vocabulario del mercado

- camisa – shirt
- pantalón – pants
- vestido – dress
- zapatos – shoes
- manzana – apple
- plátano – banana

- uvas – grapes
- mercado – market
- precio – price

📖 Gramática: Plurales y género

- Si termina en **vocal** → **+s** → casa → casas
- Si termina en **consonante** → **+es** → papel → papeles
- Excepciones: z → c + es → lápiz → lápices

Género:

- Palabras terminadas en -o → masculino (libro, zapato).
- Palabras terminadas en -a → femenino (mesa, camisa).

✍ Ejercicio 3

1. Cambia al plural:

- camisa → ______

- lápiz → ______
- manzana → ______

2. Traduce al español:

- two dresses → ______
- the apples → ______
- some bananas → ______

📖 Parte 3:

GRAMÁTICA Y VOCABULARIO ESENCIAL

Pronombres Personales

En español, los **pronombres personales** sustituyen al sujeto.

Español	Inglés	Ejemplo
yo	I	Yo hablo español.
tú	you (informal)	Tú eres mi amigo.
usted	you (formal)	Usted vive en Madrid.
él	he	Él tiene un coche.
ella	she	Ella estudia medicina.
nosotros/ nosotras	we	Nosotros somos estudiantes.
vosotros/ vosotras	you all (informal, España)	Vosotros habláis inglés.
ustedes	you all (formal, o en América Latina)	Ustedes trabajan mucho.
ellos	they (masc./mixed)	Ellos juegan fútbol.
ellas	they (fem.)	Ellas leen libros.

👉 Nota: En español muchas veces se **omite el pronombre**, porque el verbo ya indica quién es

el sujeto.
Ejemplo: "Hablo español" = "Yo hablo español".

✍ Ejercicio 1

Completa con el pronombre correcto:

1. ___ soy de India.
2. ___ hablas inglés.
3. ___ vive en Madrid.
4. ___ somos estudiantes.

Verbos Regulares e Irregulares

📖 Verbos regulares

Los verbos terminan en **-ar, -er, -ir**.

Ejemplo: *hablar* (to speak)

- yo hablo
- tú hablas
- él/ella habla
- nosotros hablamos

- vosotros habláis
- ellos hablan

Ejemplo: *comer* (to eat)

- yo como
- tú comes
- él/ella come
- nosotros comemos
- vosotros coméis
- ellos comen

Ejemplo: *vivir* (to live)

- yo vivo
- tú vives
- él/ella vive
- nosotros vivimos
- vosotros vivís
- ellos viven

📖 Verbos irregulares más comunes

Ser (to be, esencia)
yo soy, tú eres, él/ella es, nosotros somos, vosotros sois, ellos son

Estar (to be, estado/ubicación)
yo estoy, tú estás, él/ella está, nosotros estamos, vosotros estáis, ellos están

Tener (to have)
yo tengo, tú tienes, él/ella tiene, nosotros tenemos, vosotros tenéis, ellos tienen

Ir (to go)
yo voy, tú vas, él/ella va, nosotros vamos, vosotros vais, ellos van

📖 Verbos reflexivos (pronominales)

Ejemplo: *llamarse* (to be called)

- yo me llamo
- tú te llamas
- él/ella se llama
- nosotros nos llamamos
- vosotros os llamáis

- ellos se llaman

👉 Se usan para acciones sobre uno mismo (lavarse, levantarse, vestirse).

✍️ **Ejercicio 2**

1. Conjuga el verbo *vivir* para “yo, tú, él”.
2. Traduce al español:
   - I am a student. → ______
   - We are in Madrid. → ______
   - They have two brothers. → ______

Adjetivos y Concordancia

En español, los adjetivos cambian según el género (masculino/femenino) y el número (singular/plural).

Ejemplos:

- El chico **alto** / La chica **alta**
- Los chicos **altos** / Las chicas **altas**

Colores:

- rojo, azul, verde, amarillo, blanco, negro, marrón, gris

Descripciones:

- simpático / simpática – friendly
- trabajador / trabajadora – hardworking
- pequeño / pequeña – small
- grande – big (invariable in gender)

✍ Ejercicio 3

Traduce al español:

1. The red shirt → ______
2. The small house → ______
3. The tall boys → ______

Preposiciones y Frases Útiles

📖 Preposiciones comunes

- a – to, at → Voy **a** Madrid.
- de – of, from → Soy **de** India.
- en – in, on → Vivo **en** Madrid.

- con – with → Salgo **con** mis amigos.
- sin – without → Café **sin** azúcar.
- por – for, because of → Gracias **por** tu ayuda.
- para – for, in order to → Este regalo es **para** ti.

✍ Ejercicio 4

Traduce:

1. I live in Spain. → ______
2. This gift is for my mother. → ______
3. I go to school with my friend. → ______

El Tiempo y la Rutina Diaria

📖 Días y meses

- lunes, martes, miércoles, jueves, viernes, sábado, domingo
- enero, febrero, marzo, abril, mayo, junio, julio, agosto, septiembre, octubre, noviembre, diciembre

📖 Expresiones de rutina

- despertarse – to wake up
- levantarse – to get up
- desayunar – to have breakfast
- estudiar – to study
- trabajar – to work
- descansar – to rest
- acostarse – to go to bed

Ejemplo:
"Yo me levanto a las ocho, estudio español y trabajo por la tarde."

✍ Ejercicio 5

1. Escribe tu rutina diaria en 3 frases en español.
   Ejemplo: "Me levanto a las 7. Desayuno café. Trabajo en la oficina."

Los Tiempos Verbales Básicos

📖 Presente

Ya visto: "Yo hablo, tú comes, él vive."

📖 Pasado – Pretérito (acciones completas)

- hablar → hablé, hablaste, habló, hablamos, hablasteis, hablaron
- comer → comí, comiste, comió, comimos, comisteis, comieron
- vivir → viví, viviste, vivió, vivimos, vivisteis, vivieron

Ejemplo: Ayer comí una pizza.

📖 Pasado – Imperfecto (acciones habituales)

- hablar → hablaba, hablabas, hablaba, hablábamos, hablabais, hablaban

Ejemplo: Cuando era niño, jugaba al fútbol.

📖 Futuro

- hablar → hablaré, hablarás, hablará, hablaremos, hablaréis, hablarán

Ejemplo: Mañana estudiaré español.

✍ Ejercicio 6

1. Traduce al español:

    - Yesterday I studied Spanish. → ______
    - When I was a child, I lived in Madrid. → ______
    - Tomorrow we will eat pizza. → ______

🎭 Parte 4:

PRÁCTICA Y CULTURA

Diálogos para la Vida Cotidiana

📖 En un restaurante

- Camarero: Buenas tardes, ¿qué desean?
- Amrar: Para mí, una sopa de verduras.
- Simrina: Yo quiero una ensalada y agua, por favor.
- Prial: Un café con leche y un bocadillo.
- Camarero: Muy bien, enseguida.

👉 **Vocabulario:**

- menú – menu
- cuenta – bill
- mesa – table
- vaso – glass

- cuchara / tenedor / cuchillo – spoon / fork / knife

📖 En la estación de tren

- Viajero: Buenos días, ¿a qué hora sale el tren a Barcelona?
- Empleado: A las diez y media.
- Viajero: ¿Cuánto cuesta el billete?
- Empleado: Treinta euros.
- Viajero: Gracias.
- Empleado: De nada, buen viaje.

👉 Vocabulario:

- billete – ticket
- tren – train
- salida – departure
- llegada – arrival
- horario – schedule

✍ Ejercicio de rol

Forma un diálogo en parejas:

- En un café (pedir bebidas y pagar).
- En una tienda de ropa (preguntar precios, tallas, colores).
- En una farmacia (pedir medicina).

Juegos y Actividades

1. **Adivina la palabra (Guess the word)**
   - Un estudiante describe: "Es una fruta roja. No es grande. Se come en ensalada."
   - Otro responde: "¡La manzana!"
2. **Role-play (Juego de roles)**
   - Un estudiante es turista, otro es recepcionista de hotel.
   - Cambiar roles con: médico/paciente, cliente/vendedor, profesor/estudiante.
3. **Bingo de vocabulario**
   - Haz tarjetas con palabras: comida, ropa, transporte, etc.

- El profesor dice las palabras en español, los alumnos marcan en su tarjeta.

Cultura y Costumbres

📖 Saludos

- En España: se dan **dos besos** (uno en cada mejilla).
- En América Latina: suele ser **un beso en la mejilla** o un abrazo.
- El apretón de manos es común en situaciones formales.

📖 Comidas típicas

- España: paella, tortilla de patatas, tapas.
- México: tacos, enchiladas, guacamole.
- Argentina: asado, empanadas, mate.

📖 Fiestas importantes

- España: La Tomatina, San Fermín, Semana Santa.
- México: Día de los Muertos.

- Colombia: Carnaval de Barranquilla.

Expresiones Útiles y Modismos

- ¡Qué guay! – How cool! (España)
- Vale – Okay (España)
- ¡Órale! – Wow! / Let's go! (México)
- ¡Qué chévere! – How nice! (Latinoamérica)
- ¡Hasta luego! – See you later
- ¡Que tengas un buen día! – Have a good day

✍ Ejercicio cultural

1. ¿Qué diferencias encuentras entre las comidas de tu país y las de España?
2. ¿Qué fiesta te gustaría visitar: La Tomatina, Día de los Muertos o Carnaval de Barranquilla? ¿Por qué?

Proyecto Final de Práctica

👉 Prepara un **diálogo completo** (8–10 líneas) en español con un compañero. Puedes elegir:

- En un aeropuerto
- En una cena familiar
- Comprando en un supermercado
- En una consulta médica

Debes incluir:

- Saludos y despedidas
- Preguntas y respuestas
- Uso de verbos en presente, pasado o futuro
- Vocabulario aprendido

Parte 5:

REPASO Y MINI DICCIONARIO

Ejercicios de Repaso General

A. Completa las frases

1. Yo ___ (ser) estudiante.
2. Tú ___ (tener) dos hermanos.
3. Ellos ___ (vivir) en Madrid.
4. Nosotros ___ (comer) pizza ayer.
5. Mañana ___ (ir, nosotros) al cine.

B. Traduce al español

1. My name is Ana.
2. We live in Barcelona.
3. Yesterday I studied Spanish.
4. Tomorrow they will travel to Mexico.
5. I would like a coffee, please.

✍ C. Preguntas y respuestas

Responde en español:

1. ¿De dónde eres?
2. ¿Qué haces los fines de semana?
3. ¿Qué comiste ayer?
4. ¿Qué vas a hacer mañana?
5. ¿Cuál es tu comida favorita?

✍ D. Lectura breve

Lee y responde:

"Hola, me llamo Pedro. Vivo en Sevilla. Trabajo en un restaurante y estudio inglés por la noche. Me gusta escuchar música y jugar al fútbol los fines de semana."

1. ¿Cómo se llama?
2. ¿Dónde vive?
3. ¿Dónde trabaja?
4. ¿Qué estudia?
5. ¿Qué hace los fines de semana?

Mini Diccionario Español – Inglés

📖 Saludos y expresiones

- hola – hello
- adiós – goodbye
- por favor – please
- gracias – thank you
- lo siento – sorry
- ¿cómo estás? – how are you?

📖 Números

- uno – one
- dos – two
- tres – three
- diez – ten
- veinte – twenty
- cien – one hundred

📖 Colores

- rojo – red
- azul – blue
- verde – green
- amarillo – yellow
- blanco – white
- negro – black

📖 Comida y bebidas

- pan – bread
- agua – water
- leche – milk
- arroz – rice
- pollo – chicken
- manzana – apple

📖 Familia

- madre – mother
- padre – father

- hermano/hermana – brother/sister
- hijo/hija – son/daughter
- abuelo/abuela – grandfather/grandmother

📖 Lugares

- casa – house
- escuela – school
- mercado – market
- estación – station
- hotel – hotel
- calle – street

Anexo: Verbos Esenciales

📖 Verbos más usados

- ser – to be (essence)
- estar – to be (state, location)
- tener – to have
- ir – to go

- hacer – to do/make
- decir – to say
- poder – can, to be able to
- querer – to want/love
- venir – to come
- poner – to put

Tablas rápidas

Ser (to be, esencia)

- soy, eres, es, somos, sois, son

Estar (to be, estado/lugar)

- estoy, estás, está, estamos, estáis, están

Tener (to have)

- tengo, tienes, tiene, tenemos, tenéis, tienen

Ir (to go)

- voy, vas, va, vamos, vais, van

Mensaje Final

📌 *Aprender un idioma es un viaje, no una meta final. Este libro te ha dado las bases para comunicarte en español: vocabulario esencial, gramática básica y práctica cultural. Lo más importante ahora es practicar todos los días, escuchar canciones, ver películas y hablar con personas hispanohablantes.*

¡Felicidades por terminar este recorrido! 🎉

9 788199 246843

Printed at Repro India Ltd.